Impressum
Verlag: BABADADA GmbH, Nedderfeld 112 , 22529 Hamburg
Geschäftsführer / Verlagsleitung: Harald Hof
Druck: Books on Demand GmbH, In de Tarpen 42, 22848 Norderstedt

Imprint
Publisher: BABADADA GmbH, Nedderfeld 112 , 22529 Hamburg, Germany
Managing Director / Publishing direction: Harald Hof
Print: Books on Demand GmbH, In de Tarpen 42, 22848 Norderstedt, Germany

学校
Schule

教室
Klassenzimmer

除
dividieren

$186/2$

黑板
Tafel

校园
Schulhof

老师
Lehrer

纸
Papier

书写
schreiben

钢笔
Stift

办公桌
Schreibtisch

直尺
Lineal

书
Buch

学生
Schüler

书包
Ranzen

铅笔盒
Federmappe

铅笔
Bleistift

卷笔刀
Bleistiftanspitzer

橡皮擦
Radiergummi

画板
Zeichenblock

图画
Zeichnung

画笔
Pinsel

颜料盒
Malkasten

剪刀
Schere

胶水
Klebstoff

练习册
Übungsheft

家庭作业
Hausaufgabe

数字
Zahl

加
addieren

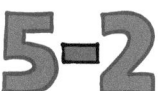

减
subtrahieren

乘
multiplizieren

计算
rechnen

字母
Buchstabe

字母表
Alphabet

字
Wort

课文
Text

读
lesen

粉笔
Kreide

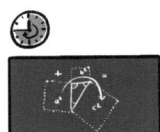

上课
Stunde

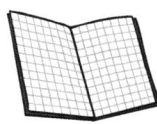

登记
Klassenbuch

考试
Prüfung

证书
Zeugnis

校服
Schuluniform

教育
Ausbildung

百科全书
Lexikon

大学
Universität

显微镜
Mikroskop

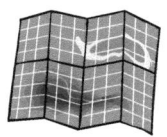

地图
Karte

废纸筐
Papierkorb

旅行
Reise

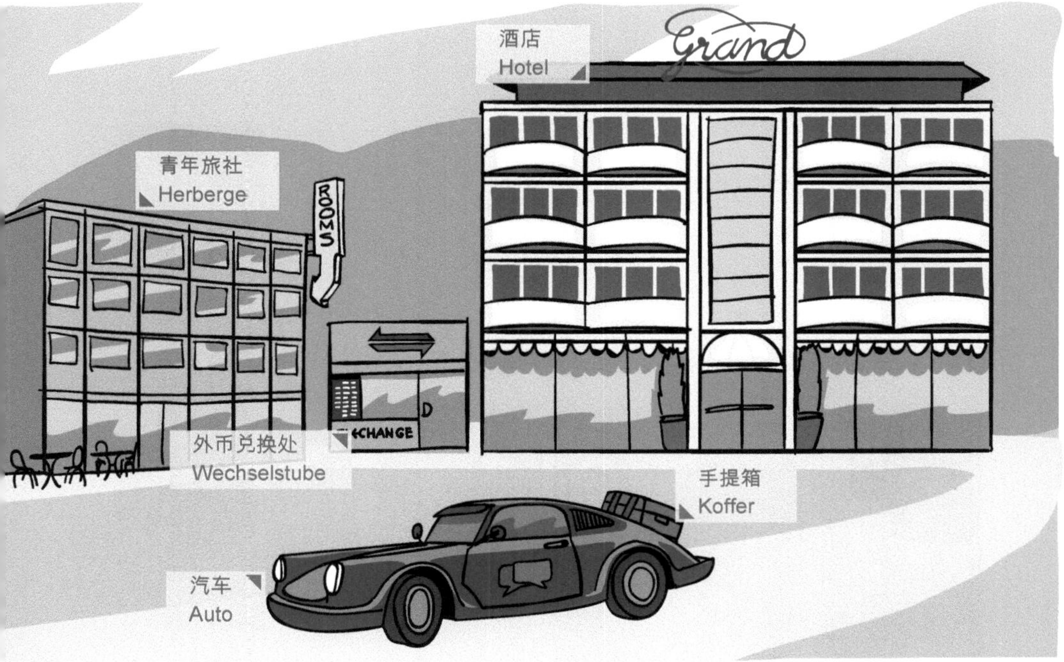
酒店
Hotel
Grand
青年旅社
Herberge
ROOMS
外币兑换处
Wechselstube
CHANGE
手提箱
Koffer
汽车
Auto

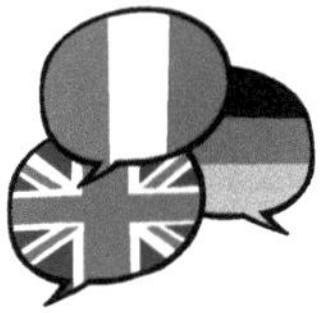

语言

Sprache

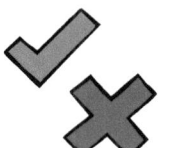

是/否

ja / nein

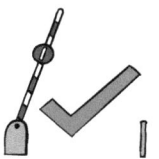

好的

Okay

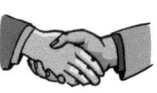

您好

Hallo

翻译员

Übersetzer

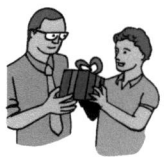

谢谢

Danke

……多少钱？

Was kostet…?

我不明白

Ich verstehe nicht

问题

Problem

晚上好！

Guten Abend!

早上好！

Guten Morgen!

晚安！

Gute Nacht!

再见

Auf Wiedersehen

方向

Richtung

行李

Gepäck

包

Tasche

双肩包

Rucksack

客人

Gast

房间

Zimmer

睡袋

Schlafsack

帐篷

Zelt

旅游信息

Touristeninformation

海滩

Strand

信用卡

Kreditkarte

早餐

Frühstück

午餐

Mittagessen

晚餐

Abendessen

票

Fahrkarte

电梯

Fahrstuhl

邮票

Briefmarke

边界

Grenze

海关

Zoll

大使馆

Botschaft

签证

Visum

护照

Pass

交通运输

Transport

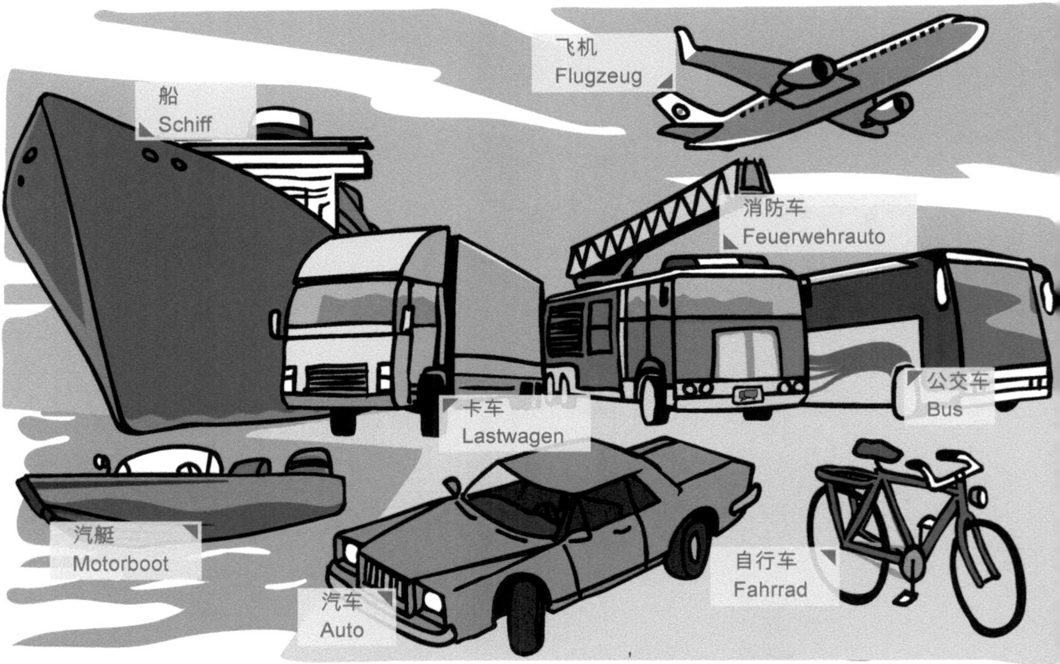
飞机
Flugzeug
船
Schiff
消防车
Feuerwehrauto
公交车
Bus
卡车
Lastwagen
汽艇
Motorboot
自行车
Fahrrad
汽车
Auto

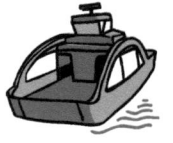

摆渡船

Fähre

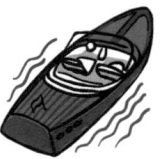

小船

Boot

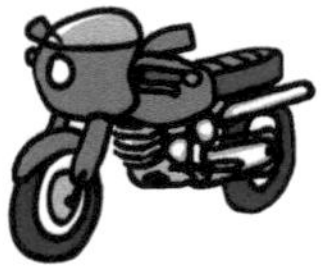

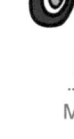

摩托车

Motorrad

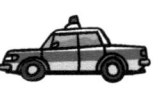

警车

Polizeiauto

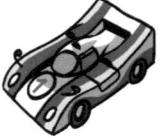

赛车

Rennauto

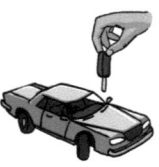

租车

Mietwagen

拼车
Carsharing

拖车
Abschleppwagen

垃圾车
Müllauto

发动机
Motor

汽油
Kraftstoff

加油站
Tankstelle

交通标志
Verkehrsschild

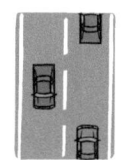

交通
Verkehr

交通堵塞
Stau

停车场
Parkplatz

火车站
Bahnhof

轨道
Schienen

火车
Zug

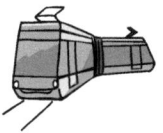

电车
Straßenbahn

货车
Wagon

交通运输 - Transport

直升机
Helikopter

机场
Flughafen

塔
Tower

乘客
Passagier

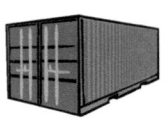

集装箱
Container

纸板箱
Karton

手推车
Karren

篮子
Korb

起飞/降落
starten / landen

城市
Stadt

村庄
Dorf

市中心
Stadtzentrum

房子
Haus

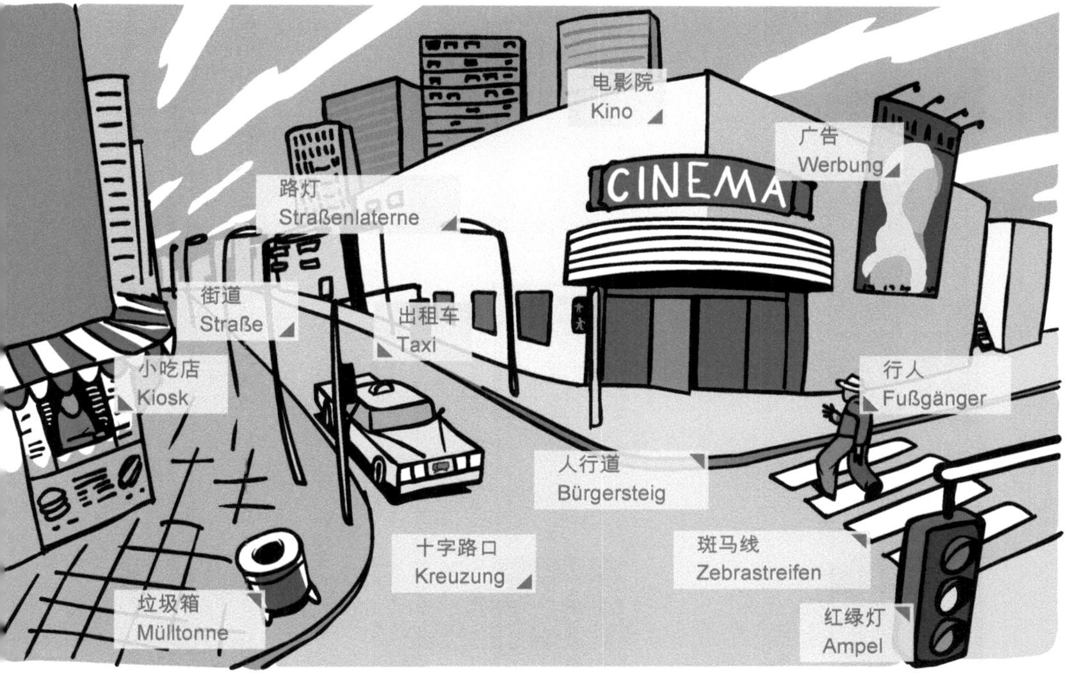

电影院
Kino
CINEMA
广告
Werbung
路灯
Straßenlaterne
街道
Straße
出租车
Taxi
小吃店
Kiosk
行人
Fußgänger
人行道
Bürgersteig
十字路口
Kreuzung
斑马线
Zebrastreifen
垃圾箱
Mülltonne
红绿灯
Ampel

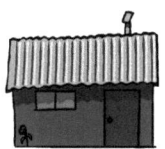

小屋

Hütte

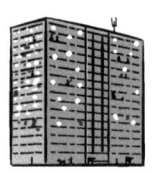

公寓

Wohnung

火车站

Bahnhof

市政厅

Rathaus

MUSEUM

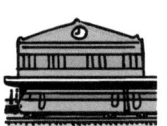

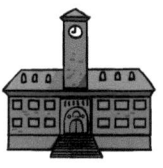

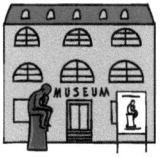

博物馆

Museum

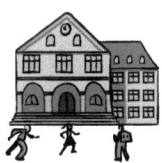

学校

Schule

大学

Universität

银行

Bank

医院

Krankenhaus

酒店

Hotel

药房

Apotheke

办公室

Büro

书店

Buchhandlung

商店

Geschäft

花店

Blumenladen

超市

Supermarkt

市场

Markt

百货商店

Kaufhaus

鱼店

Fischhändler

购物中心

Einkaufszentrum

海港

Hafen

公园

Park

长凳

Bank

桥

Brücke

楼梯

Treppe

地铁

U-Bahn

隧道

Tunnel

公交车站

Bushaltestelle

酒吧

Bar

餐馆

Restaurant

邮筒

Briefkasten

路标

Straßenschild

停车计时器

Parkuhr

动物园

Zoo

游泳馆

Badeanstalt

清真寺

Moschee

农场
Bauernhof

污染
Umweltverschmutzung

墓地
Friedhof

教堂
Kirche

操场
Spielplatz

寺庙
Tempel

地形
Landschaft

树叶
Blatt

指示牌
Wegweiser

路
Weg

草地
Wiese

石头
Stein

树
Baum

徒步旅行者
Wanderer

河
Fluss

草
Gras

花
Blume

峡谷

Tal

山

Berg

湖

See

森林

Wald

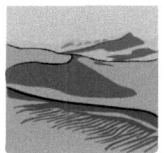

沙漠

Wüste

火山

Vulkan

城堡

Schloss

彩虹

Regenbogen

蘑菇

Pilz

棕榈树

Palme

蚊子

Moskito

苍蝇

Fliege

蚂蚁

Ameise

蜜蜂

Biene

蜘蛛

Spinne

甲虫

Käfer

青蛙

Frosch

松鼠

Eichhörnchen

刺猬

Igel

野兔

Hase

猫头鹰

Eule

鸟

Vogel

天鹅

Schwan

野猪

Wildschwein

鹿

Hirsch

麋鹿

Elch

水坝

Staudamm

风力发电机

Windrad

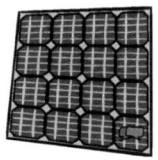

太阳能电池板

Solarmodul

气候

Klima

服务员
Kellner

菜单
Speisekarte

椅子
Stuhl

汤
Suppe

披萨饼
Pizza

餐具
Besteck

桌布
Tischdecke

前菜
Vorspeise

主菜
Hauptgericht

甜点
Nachspeise

饮料
Getränke

食物
Essen

瓶子
Flasche

快餐

Fastfood

街边小吃

Streetfood

茶壶

Teekanne

糖盒

Zuckerdose

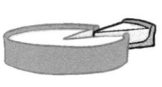

一份饭菜

Portion

意式咖啡机

Espressomaschine

高脚椅

Hochstuhl

账单

Rechnung

托盘

Tablett

刀

Messer

餐叉

Gabel

勺子

Löffel

茶匙

Teelöffel

餐巾

Serviette

玻璃杯

Glas

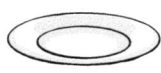

碟子
Teller

汤盘
Suppenteller

碟子
Untertasse

酱
Sauce

盐瓶
Salzstreuer

胡椒磨
Pfeffermühle

醋
Essig

食用油
Öl

调味料
Gewürze

番茄酱
Ketchup

芥末
Senf

蛋黄酱
Mayonnaise

超市

Supermarkt

特价
Angebot
FOR
顾客
Kunde
乳制品
Milchprodukte
水果
Obst
购物车
Einkaufswagen

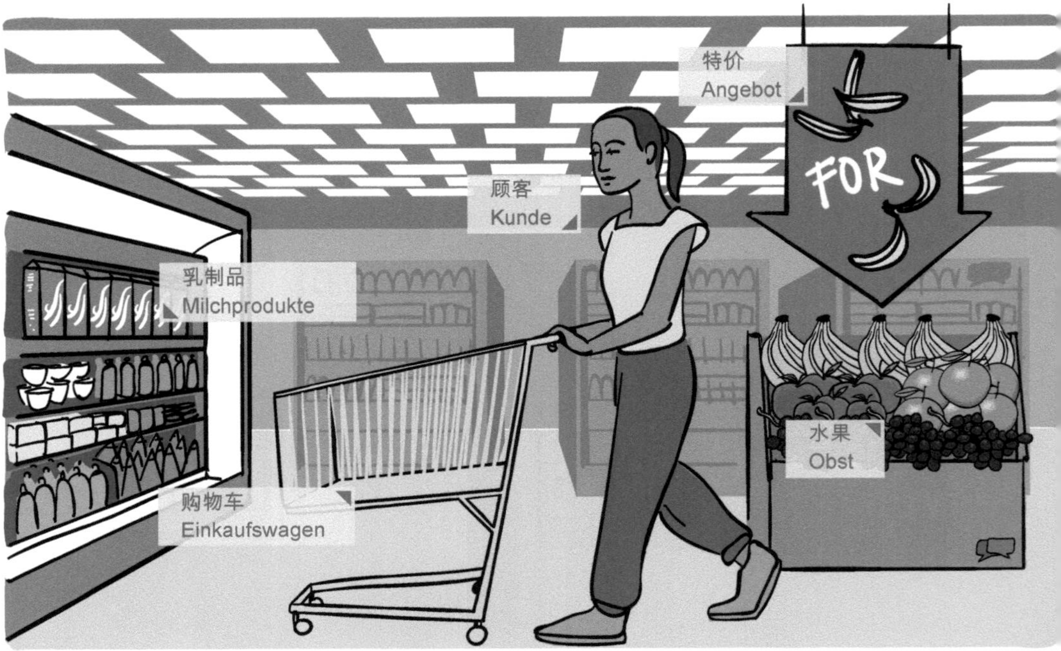

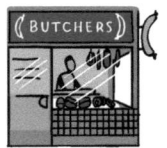

BUTCHERS

肉铺

Schlachterei

BAKERY

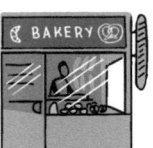

面包房

Bäckerei

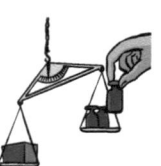

称重

wiegen

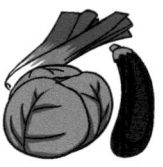

蔬菜

Gemüse

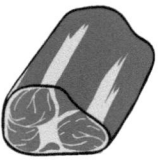

肉

Fleisch

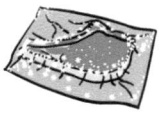

冷冻食品

Tiefkühlkost

冷盘

Aufschnitt

罐头食品

Konserven

洗衣粉

Waschmittel

甜食

Süßigkeiten

日用品

Haushaltsartikel

清洁用品

Reinigungsmittel

销售员

Verkäuferin

收银机

Kasse

收银员

Kassierer

购物清单

Einkaufsliste

开放时间

Öffnungszeiten

钱包

Brieftasche

信用卡

Kreditkarte

袋子

Tasche

塑料袋

Plastiktüte

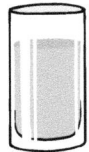

水

Wasser

果汁

Saft

牛奶

Milch

可乐

Cola

红酒

Wein

啤酒

Bier

酒

Alkohol

可可

Kakao

茶

Tee

咖啡

Kaffee

意式浓缩咖啡

Espresso

卡布奇诺

Cappuccino

香蕉

Banane

苹果

Apfel

橙子

Orange

西瓜

Melone

柠檬

Zitrone

胡萝卜

Karotte

大蒜

Knoblauch

竹子

Bambus

洋葱

Zwiebel

蘑菇

Pilz

坚果

Nüsse

面条

Nudeln

意大利面条

Spaghetti

米饭

Reis

沙拉

Salat

薯条

Pommes frites

炸土豆

Bratkartoffeln

披萨饼

Pizza

汉堡包

Hamburger

三明治

Sandwich

炸猪排

Schnitzel

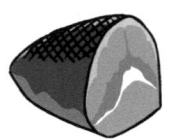

火腿

Schinken

萨拉米

Salami

香肠

Wurst

鸡肉

Huhn

烤肉

Braten

鱼

Fisch

燕麦片
Haferflocken

穆兹利
Müsli

玉米片
Cornflakes

面粉
Mehl

羊角面包
Croissant

面包卷
Brötchen

面包
Brot

烤面包
Toast

饼干
Kekse

黄油
Butter

凝乳
Quark

蛋糕
Kuchen

蛋
Ei

煎蛋
Spiegelei

奶酪
Käse

冰激凌

Eiscreme

糖

Zucker

蜂蜜

Honig

果酱

Marmelade

巧克力酱

Nougat-Creme

咖喱饭

Curry

农场
Bauernhof

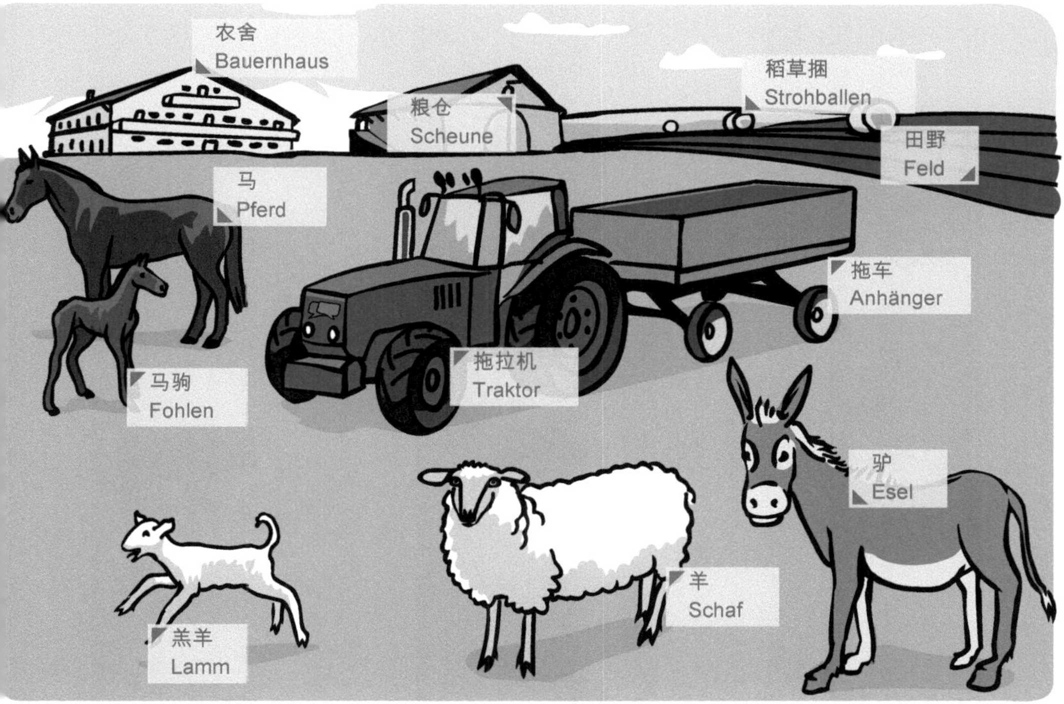
农舍
Bauernhaus
稻草捆
Strohballen
粮仓
Scheune
田野
Feld
马
Pferd
拖车
Anhänger
马驹
Fohlen
拖拉机
Traktor
驴
Esel
羊
Schaf
羔羊
Lamm

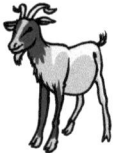

山羊
Ziege

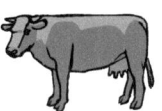

奶牛
Kuh

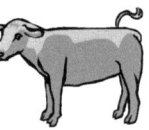

牛犊
Kalb

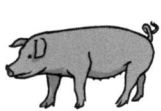

猪
Schwein

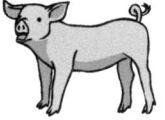

小猪
Ferkel

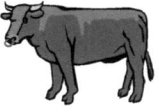

公牛
Bulle

鹅

Gans

鸭

Ente

小鸡

Küken

母鸡

Huhn

公鸡

Hahn

鼠

Ratte

猫

Katze

老鼠

Maus

牛

Ochse

狗

Hund

狗屋

Hundehütte

花园浇水软管

Gartenschlauch

洒水壶

Gießkanne

长柄大镰刀

Sense

犁

Pflug

镰刀

Sichel

锄头

Hacke

长柄草耙

Mistgabel

斧头

Axt

独轮手推车

Schubkarre

饲料槽

Trog

牛奶罐

Milchkanne

麻布袋

Sack

栅栏

Zaun

马厩

Stall

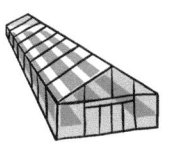

温室

Treibhaus

土壤

Boden

种子

Saat

肥料

Dünger

联合收割机

Mähdrescher

收割

ernten

收割

Ernte

山药

Yamswurzel

小麦

Weizen

大豆

Soja

土豆

Kartoffel

玉米

Mais

油菜籽

Raps

果树

Obstbaum

树薯

Maniok

谷物

Getreide

房子

Haus

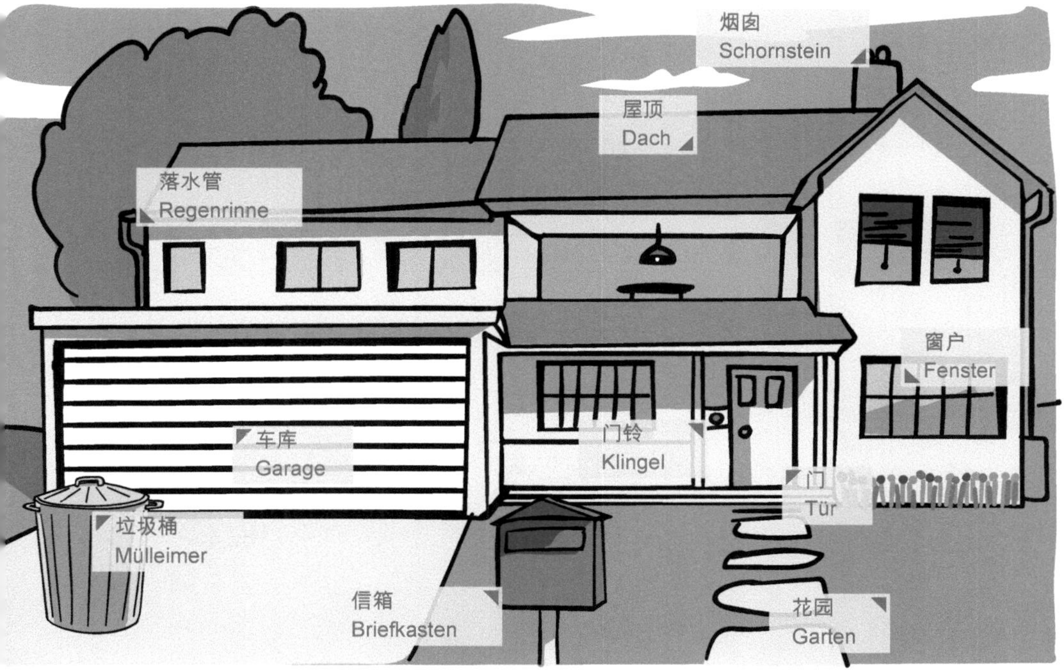

烟囱
Schornstein
屋顶
Dach
落水管
Regenrinne
窗户
Fenster
门铃
Klingel
车库
Garage
门
Tür
垃圾桶
Mülleimer
信箱
Briefkasten
花园
Garten

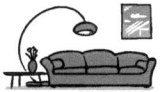

客厅

Wohnzimmer

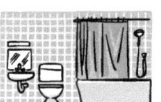

浴室

Badezimmer

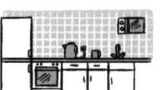

厨房

Küche

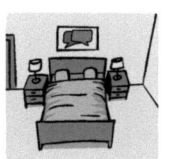

卧室

Schlafzimmer

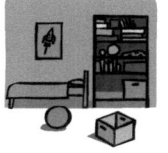

儿童房

Kinderzimmer

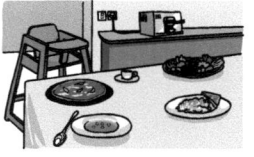

餐厅

Esszimmer

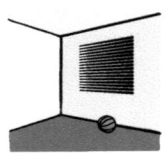

地板

Boden

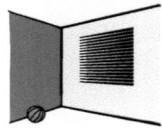

墙壁

Wand

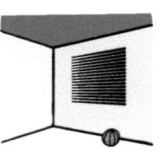

吊顶

Decke

地窖

Keller

桑拿

Sauna

阳台

Balkon

露台

Terrasse

游泳池

Schwimmbad

割草机

Rasenmäher

被单

Bettbezug

床罩

Bettdecke

床

Bett

扫帚

Besen

水桶

Eimer

开关

Schalter

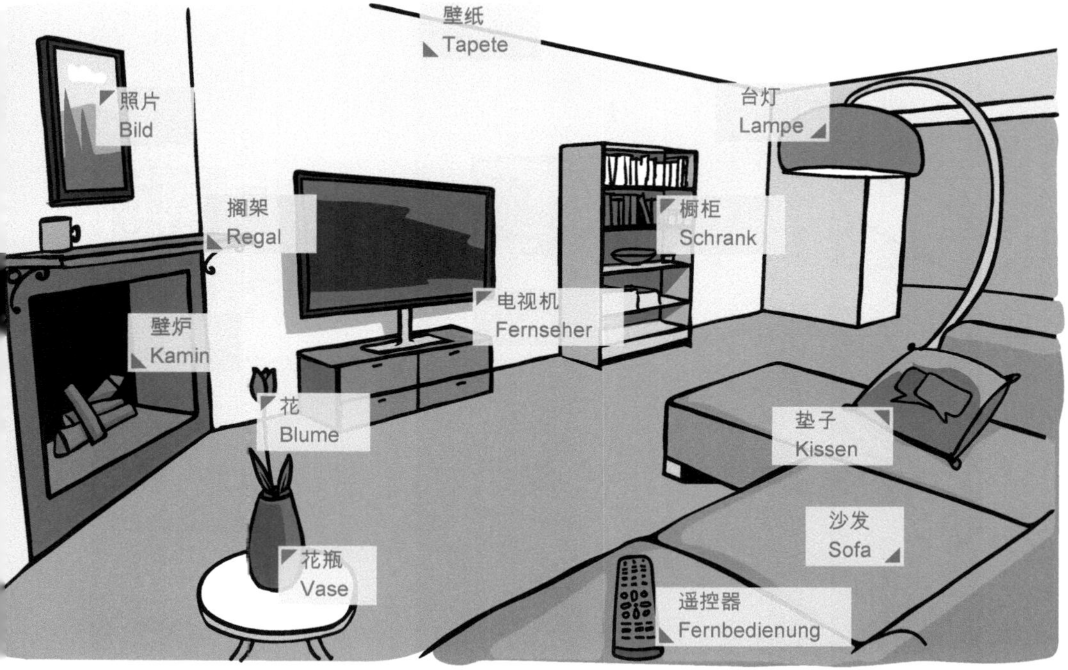

壁纸
Tapete

照片
Bild

台灯
Lampe

搁架
Regal

橱柜
Schrank

电视机
Fernseher

壁炉
Kamin

花
Blume

垫子
Kissen

花瓶
Vase

沙发
Sofa

遥控器
Fernbedienung

地毯
Teppich

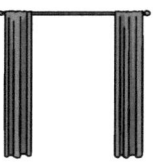

窗帘
Vorhang

餐桌
Tisch

椅子
Stuhl

摇椅
Schaukelstuhl

扶手椅
Sessel

书
Buch

毯子
Decke

装饰品
Dekoration

木柴
Feuerholz

电影
Film

高保真音响
Stereoanlage

钥匙
Schlüssel

报纸
Zeitung

油画
Gemälde

海报
Poster

收音机
Radio

笔记本
Notizblock

吸尘器
Staubsauger

仙人掌
Kaktus

蜡烛
Kerze

厨房
Küche

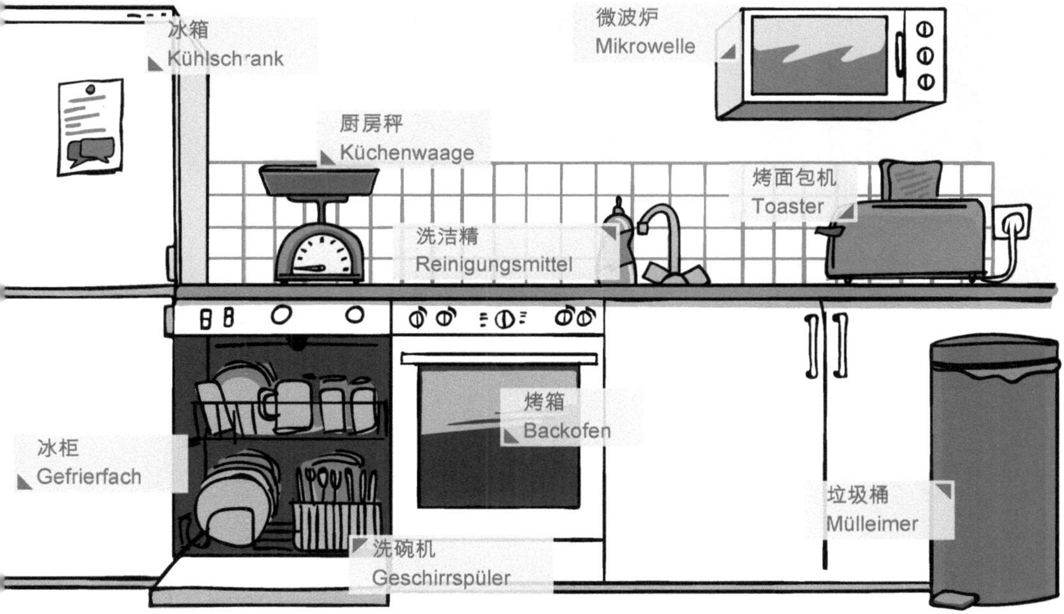

冰箱
Kühlschrank
微波炉
Mikrowelle
厨房秤
Küchenwaage
烤面包机
Toaster
洗洁精
Reinigungsmittel
烤箱
Backofen
冰柜
Gefrierfach
垃圾桶
Mülleimer
洗碗机
Geschirrspüler

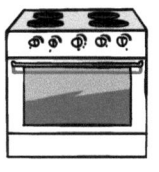

炊具

Herd

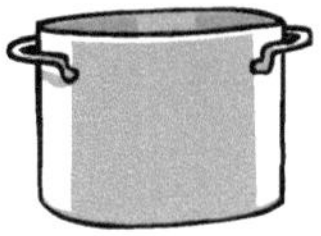

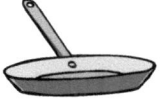

锅

Topf

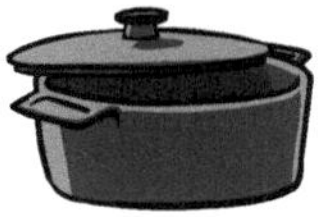

铸铁锅

Eisentopf

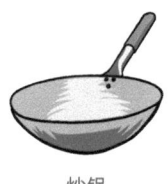

炒锅

Wok / Kadai

平底锅

Pfanne

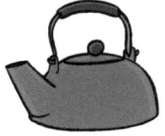

水壶

Wasserkocher

蒸锅

Dampfgarer

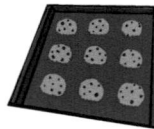

烤盘

Backblech

陶瓷锅

Geschirr

马克杯

Becher

碗

Schale

筷子

Essstäbchen

长柄勺

Suppenkelle

铲子

Pfannenwender

搅拌器

Schneebesen

滤网

Kochsieb

筛子

Sieb

磨碎机

Reibe

研钵

Mörser

烧烤

Grill

明火

Feuerstelle

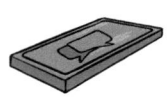

菜板

Schneidebrett

擀面杖

Nudelholz

开瓶器

Korkenzieher

罐子

Dose

开罐器

Dosenöffner

隔热手套

Topflappen

水槽

Waschbecken

刷子

Bürste

海绵

Schwamm

搅拌机

Mixer

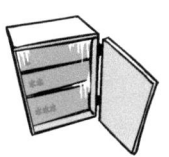

冷藏箱

Gefriertruhe

奶瓶

Babyflasche

水龙头

Wasserhahn

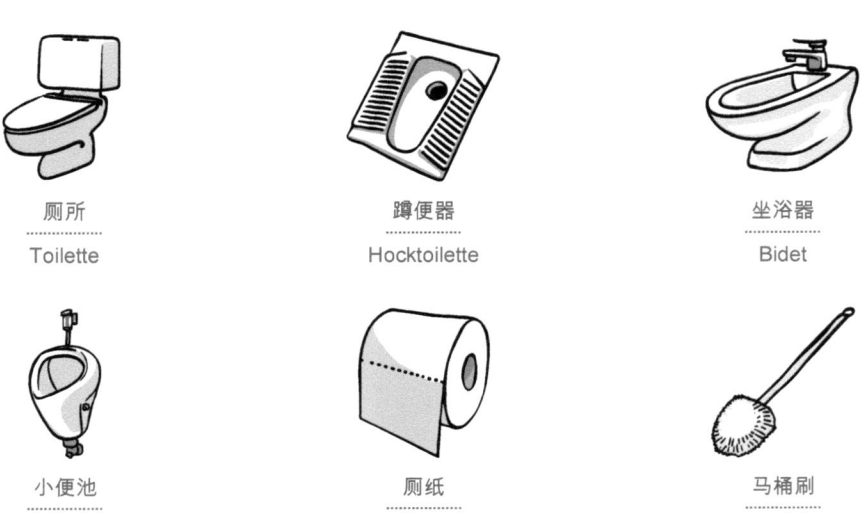

浴室

Badezimmer

淋浴
Dusche
供暖设备
Heizung
毛巾
Handtuch
浴帘
Duschvorhang
泡沫浴
Schaumbad
浴缸
Badewanne
玻璃杯
Glas
洗衣机
Waschmaschine
水龙头
Wasserhahn
瓷砖
Fliesen
便壶
Töpfchen
水槽
Waschbecken

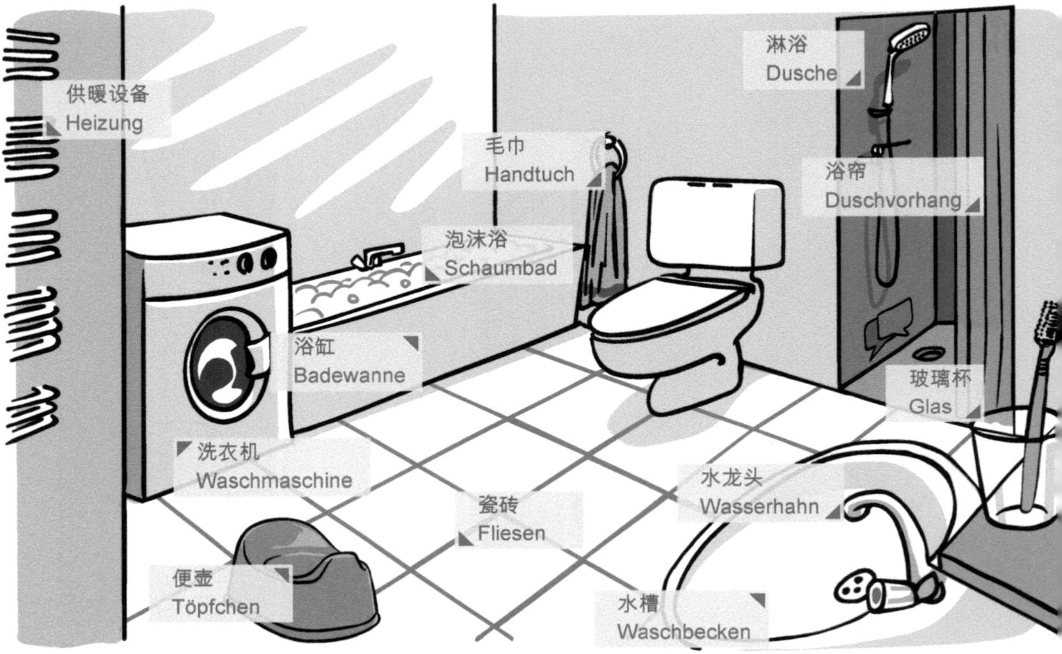

厕所

Toilette

蹲便器

Hocktoilette

坐浴器

Bidet

小便池

Pissoir

厕纸

Toilettenpapier

马桶刷

Toilettenbürste

牙刷
Zahnbürste

牙膏
Zahnpasta

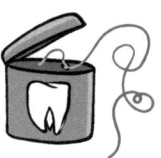

牙线
Zahnseide

洗
waschen

手持式喷淋头
Handbrause

冲洗器
Intimdusche

洗脸盆
Waschschüssel

擦背刷
Rückenbürste

肥皂
Seife

沐浴露
Duschgel

洗发水
Shampoo

法兰绒
Waschlappen

排水
Abfluss

乳霜
Creme

除臭剂
Deodorant

镜子

Spiegel

手镜

Kosmetikspiegel

剃须刀

Rasierer

剃须泡沫

Rasierschaum

须后水

Rasierwasser

梳子

Kamm

刷子

Bürste

吹风机

Föhn

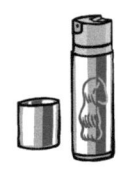

喷发定型剂

Haarspray

化妆品

Makeup

唇膏

Lippenstift

指甲油

Nagellack

化妆棉

Watte

指甲剪

Nagelschere

香水

Parfum

洗漱包

Kulturbeutel

凳子

Hocker

计重秤

Waage

浴袍

Bademantel

橡胶手套

Gummihandschuhe

卫生棉条

Tampon

卫生巾

Damenbinde

化学厕所

Chemietoilette

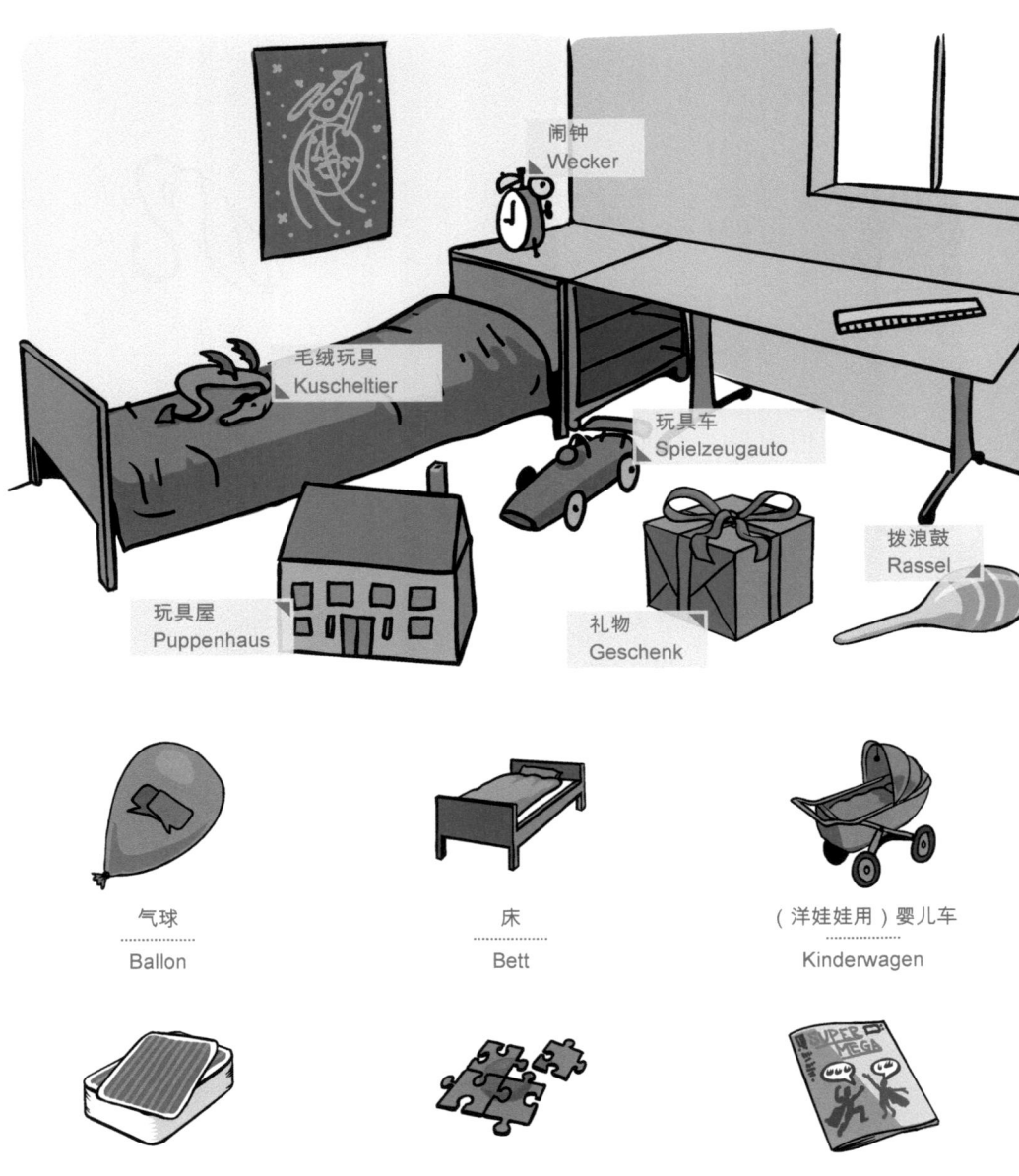

闹钟
Wecker

毛绒玩具
Kuscheltier

玩具车
Spielzeugauto

玩具屋
Puppenhaus

礼物
Geschenk

拨浪鼓
Rassel

气球
Ballon

床
Bett

（洋娃娃用）婴儿车
Kinderwagen

扑克牌
Kartenspiel

拼图
Puzzle

漫画
Comic

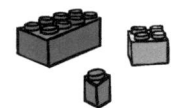

乐高积木

Legosteine

积木玩具

Bausteine

玩具人

Action Figur

婴儿服

Strampelanzug

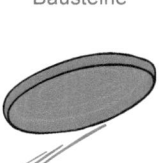

飞盘

Frisbee

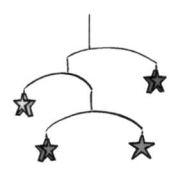

床铃玩具

Mobile

棋盘游戏

Brettspiel

骰子

Würfel

火车模型

Modelleisenbahn

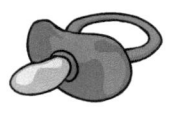

安抚奶嘴

Schnuller

聚会

Party

绘本

Bilderbuch

球

Ball

洋娃娃

Puppe

玩

spielen

沙坑

Sandkasten

秋千

Schaukel

玩具

Spielzeug

游戏机

Spielkonsole

三轮车

Dreirad

泰迪熊

Teddy

衣柜

Kleiderschrank

衣服

Kleidung

袜子

Socken

长袜

Strümpfe

紧身裤

Strumpfhose

围巾
Schal

皮带
Gürtel

雨伞
Regenschirm

T恤
T-Shirt

靴子
Stiefel

拖鞋
Hausschuhe

运动鞋
Turnschuhe

凉鞋
Sandalen

鞋
Schuhe

雨靴
Gummistiefel

内裤
Unterhose

胸罩
Büstenhalter

背心
Unterhemd

身体

Body

裤子

Hose

牛仔裤

Jeans

短裙

Rock

女式衬衫

Bluse

衬衫

Hemd

套头衫

Pullover

卫衣

Kapuzenpullover

西装夹克

Blazer

夹克

Jacke

外套

Mantel

雨衣

Regenmantel

套装

Kostüm

连衣裙

Kleid

婚纱

Hochzeitskleid

西装

Anzug

睡袍

Nachthemd

睡衣

Schlafanzug

莎丽

Sari

头巾

Kopftuch

包头巾

Turban

波卡

Burka

卡夫坦

Kaftan

(阿拉伯式)长袍

Abaya

泳衣

Badeanzug

男式泳裤

Badehose

短裤

Kurze Hose

运动服

Trainingsanzug

围裙

Schürze

手套

Handschuhe

纽扣
Knopf

眼镜
Brille

手链
Armband

项链
Halskette

戒指
Ring

耳环
Ohrring

便帽
Mütze

衣架
Kleiderbügel

帽子
Hut

领带
Krawatte

拉链
Reißverschluss

头盔
Helm

背带
Hosenträger

校服
Schuluniform

制服
Uniform

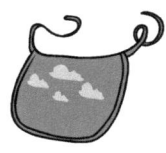

围兜

Lätzchen

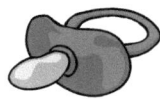

安抚奶嘴

Schnuller

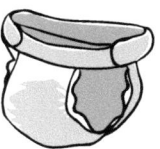

尿不湿

Windel

办公室
Büro

服务器
Server
文件柜
Aktenschrank
打印机
Drucker
纸
Papier
显示屏
Monitor
鼠标
Maus
办公桌
Schreibtisch
文件夹
Ordner
键盘
Tastatur
废纸篓
Papierkorb
电脑
Computer
椅子
Stuhl

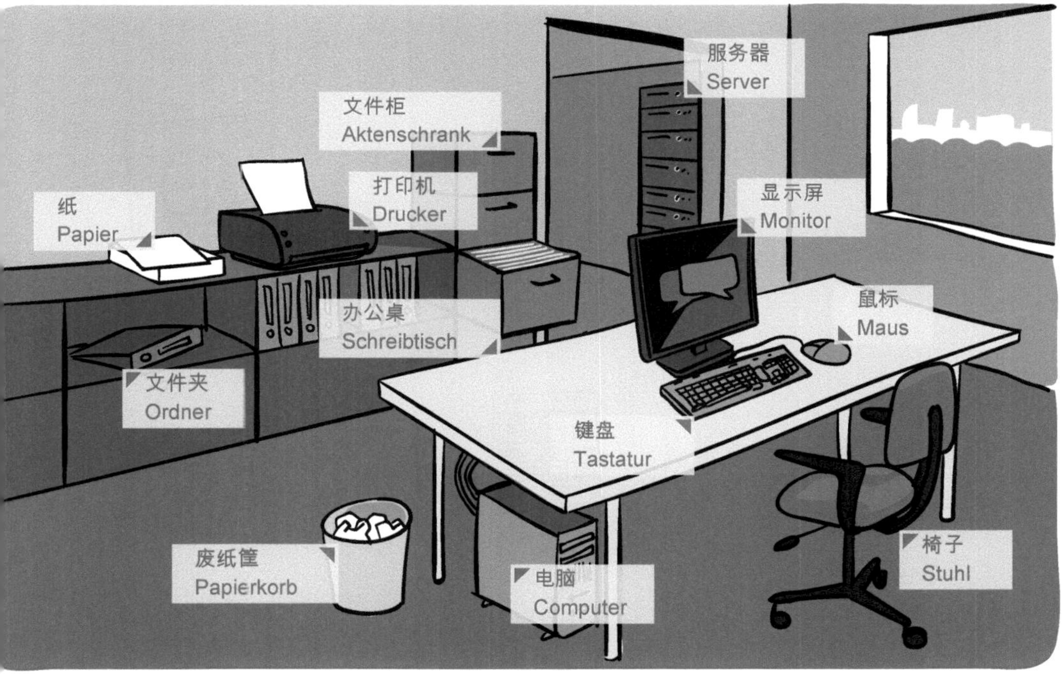

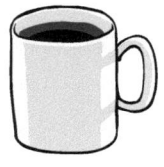

咖啡杯

Kaffeebecher

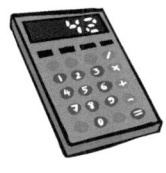

计算器

Taschenrechner

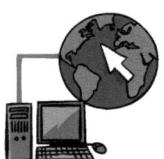

因特网

Internet

笔记本电脑
Laptop

信件
Brief

消息
Nachricht

手机
Handy

网络
Netzwerk

复印机
Kopierer

软件
Software

电话
Telefon

插座
Steckdose

传真机
Fax

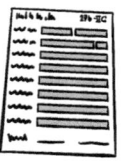

表格
Formular

文件
Dokument

买

kaufen

付钱

bezahlen

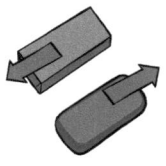

交易

handeln

现金

Geld

美元

Dollar

欧元

Euro

日元

Yen

卢布

Rubel

瑞士法郎

Franken

人民币

Renminbi Yuan

卢比

Rupie

提款处

Geldautomat

外币兑换处

Wechselstube

金

Gold

银

Silber

石油

Öl

能源

Energie

价格

Preis

合同

Vertrag

税金

Steuer

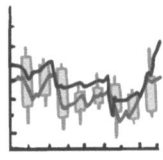

股票

Aktie

工作

arbeiten

职员

Angestellter

老板

Arbeitgeber

工厂

Fabrik

商店

Geschäft

职业

Berufe

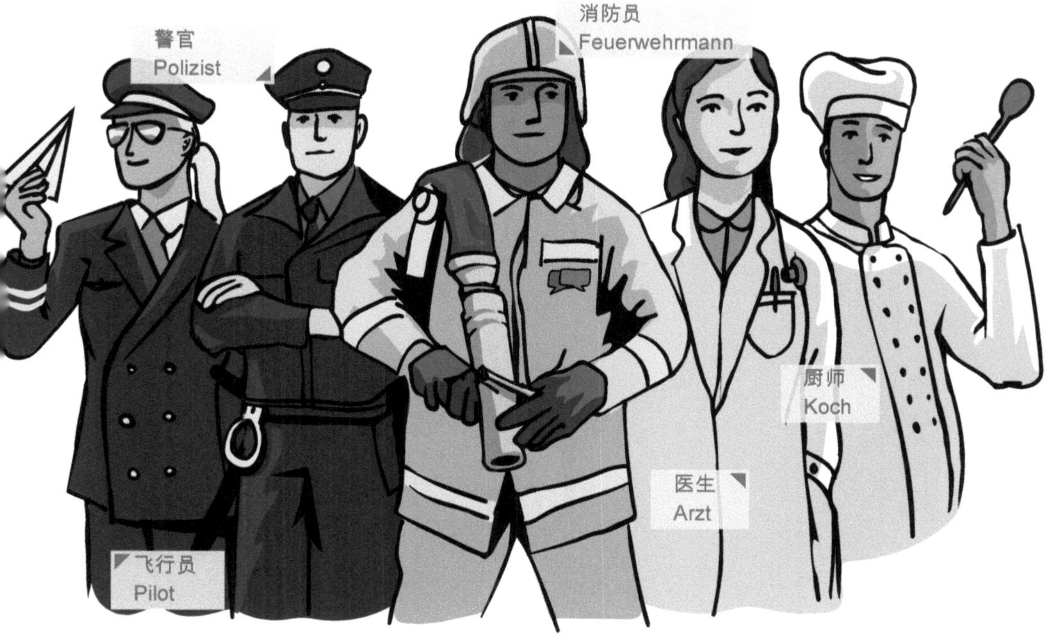

警官
Polizist
消防员
Feuerwehrmann
厨师
Koch
医生
Arzt
飞行员
Pilot

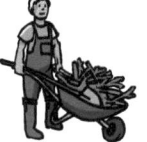

园丁

Gärtner

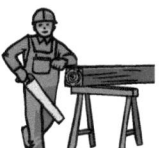

木匠

Tischler

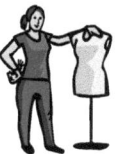

裁缝

Näherin

法官

Richter

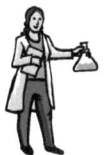

化学家

Chemiker

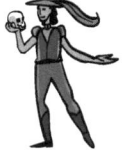

演员

Schauspieler

公交车司机

Busfahrer

出租车司机

Taxifahrer

渔夫

Fischer

清洁女工

Putzfrau

屋顶工

Dachdecker

服务员

Kellner

猎人

Jäger

画家

Maler

面包师

Bäcker

电工

Elektriker

建筑工人

Bauarbeiter

工程师

Ingenieur

屠夫

Schlachter

水管工

Klempner

邮递员

Postbote

士兵

Soldat

建筑师

Architekt

收银员

Kassierer

花农

Florist

理发师

Friseur

售票员

Schaffner

机械师

Mechaniker

船长

Kapitän

牙医

Zahnarzt

科学家

Wissenschaftler

拉比

Rabbi

伊玛目

Imam

和尚

Mönch

牧师

Geistlicher

工具
Werkzeuge

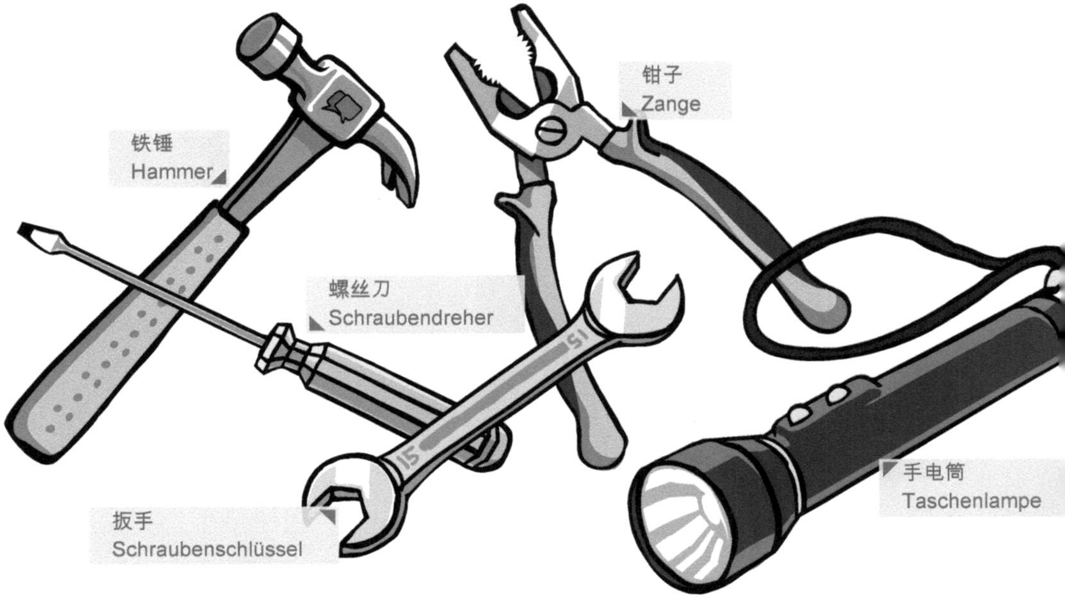
铁锤
Hammer
钳子
Zange
螺丝刀
Schraubendreher
扳手
Schraubenschlüssel
手电筒
Taschenlampe

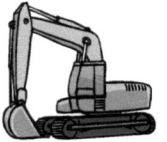

挖掘机

Bagger

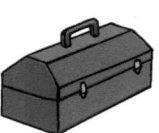

工具箱

Werkzeugkasten

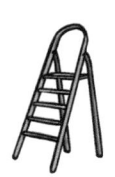

梯子

Leiter

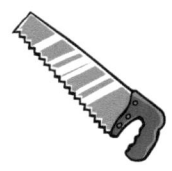

锯子

Säge

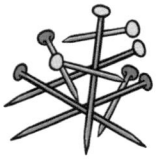

钉子

Nägel

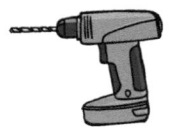

钻机

Bohrer

修
reparieren

铲子
Schaufel

Mist! — 靠！
Mist!

簸箕
Kehrblech

油漆桶
Farbtopf

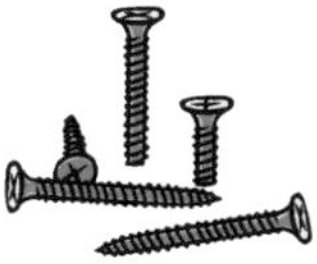

螺丝
Schrauben

乐器
Musikinstrumente

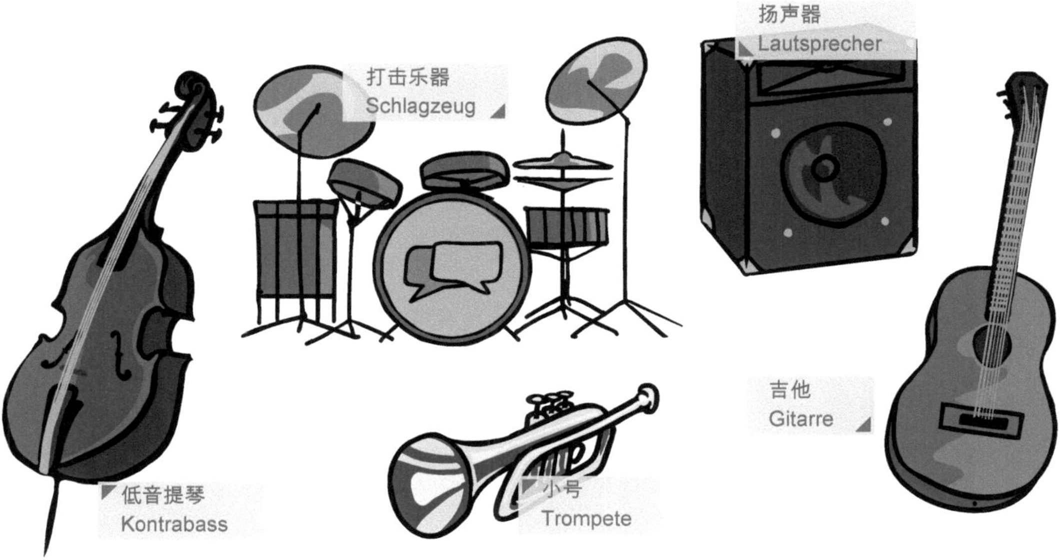

扬声器
Lautsprecher

打击乐器
Schlagzeug

吉他
Gitarre

低音提琴
Kontrabass

小号
Trompete

钢琴

Klavier

小提琴

Violine

贝斯

Bass

定音鼓

Pauke

鼓

Trommeln

电子琴

Keyboard

萨克斯管

Saxophon

长笛

Flöte

麦克风

Mikrofon

动物园

Zoo

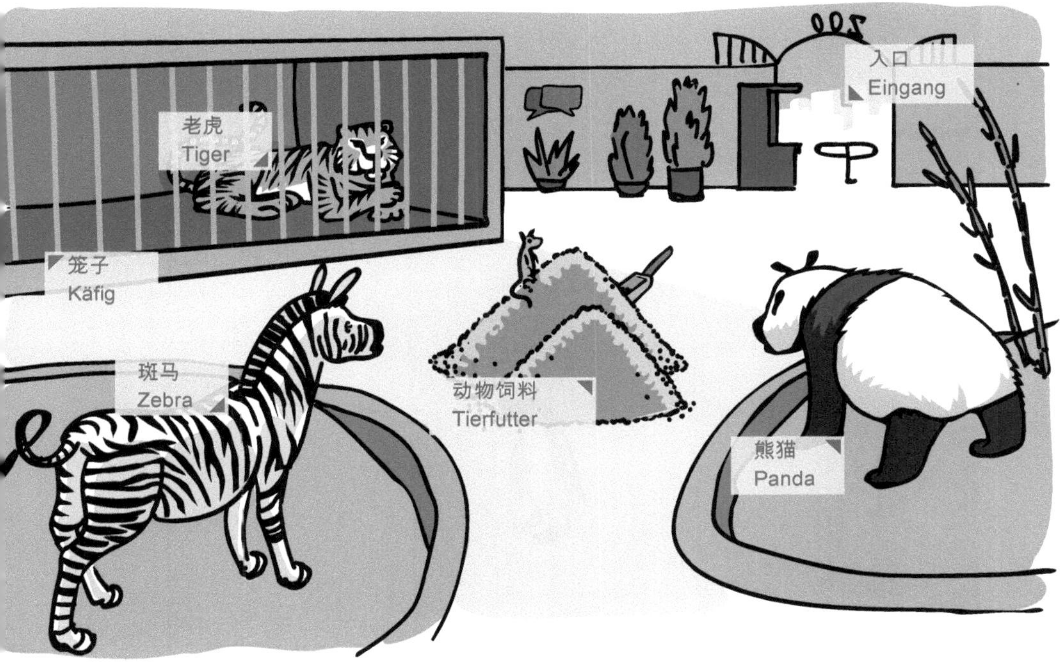

zoo
入口
Eingang
老虎
Tiger
笼子
Käfig
斑马
Zebra
动物饲料
Tierfutter
熊猫
Panda

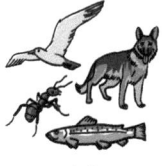

动物

Tiere

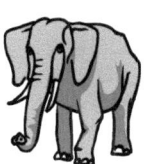

大象

Elefant

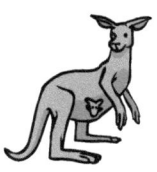

袋鼠

Känguru

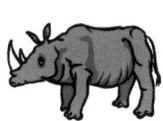

犀牛

Nashorn

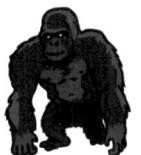

大猩猩

Gorilla

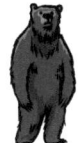

熊

Bär

骆驼

Kamel

鸵鸟

Strauß

狮子

Löwe

猴子

Affe

火烈鸟

Flamingo

鹦鹉

Papagei

北极熊

Eisbär

企鹅

Pinguin

鲨鱼

Hai

孔雀

Pfau

蛇

Schlange

鳄鱼

Krokodil

动物园管理员

Zoowärter

海豹

Robbe

美洲豹

Jaguar

矮种马

Pony

豹

Leopard

河马

Nilpferd

长颈鹿

Giraffe

老鹰

Adler

野猪

Wildschwein

鱼

Fisch

龟

Schildkröte

海象

Walross

狐狸

Fuchs

羚羊

Gazelle

橄榄球
American Football

骑自行车
Radfahren

网球
Tennis

篮球
Basketball

游泳
Schwimmen

拳击
Boxen

冰球
Eishockey

英式足球
Fußball

羽毛球
Badminton

田径
Leichtathletik

手球
Handball

滑雪
Skilaufen

马球
Polo

活动

Aktivitäten

笑
lachen
跳
springen
拥抱
umarmen
走路
gehen
唱
singen
做梦
träumen
祈祷
beten
亲吻
küssen

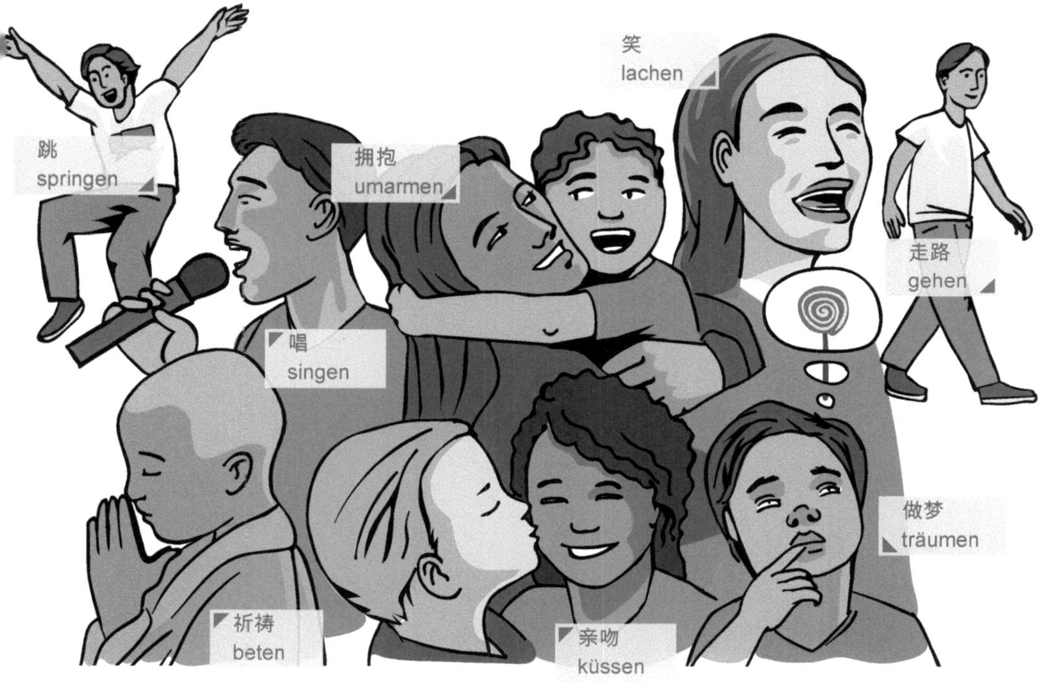

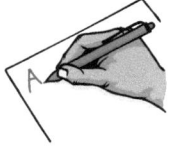

书写

schreiben

画

zeichnen

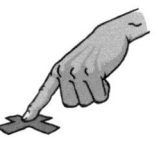

展示

zeigen

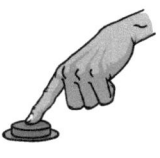

推

drücken

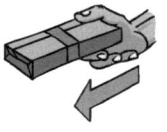

给

geben

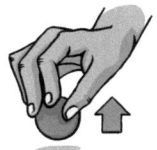

拿

nehmen

有
haben

做
tun

当
sein

站
stehen

跑
laufen

拉
ziehen

扔
werfen

摔倒
fallen

躺
liegen

等待
warten

携带
tragen

坐
sitzen

穿衣
anziehen

睡觉
schlafen

醒来
aufwachen

看
ansehen

哭
weinen

抚摸
streicheln

梳头
kämmen

交谈
reden

明白
verstehen

问
fragen

听
hören

喝
trinken

吃
essen

清理
aufräumen

爱
lieben

做饭
kochen

开车
fahren

飞
fliegen

航行

segeln

计算

rechnen

读

lesen

学习

lernen

工作

arbeiten

结婚

heiraten

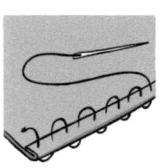

缝

nähen

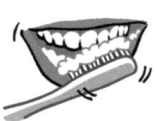

刷牙

Zähne putzen

杀

töten

抽烟

rauchen

寄

senden

祖母
Großmutter

祖父
Großvater

父亲
Vater

母亲
Mutter

婴童
Baby

女儿
Tochter

儿子
Sohn

客人
Gast

阿姨
Tante

叔叔
Onkel

兄弟
Bruder

姐妹
Schwester

身体

Körper

前额
Stirn
眼睛
Auge
肩膀
Schulter
手指
Finger
脸
Gesicht
下巴
Kinn
手
Hand
腿
Bein
乳房
Brust
手臂
Arm

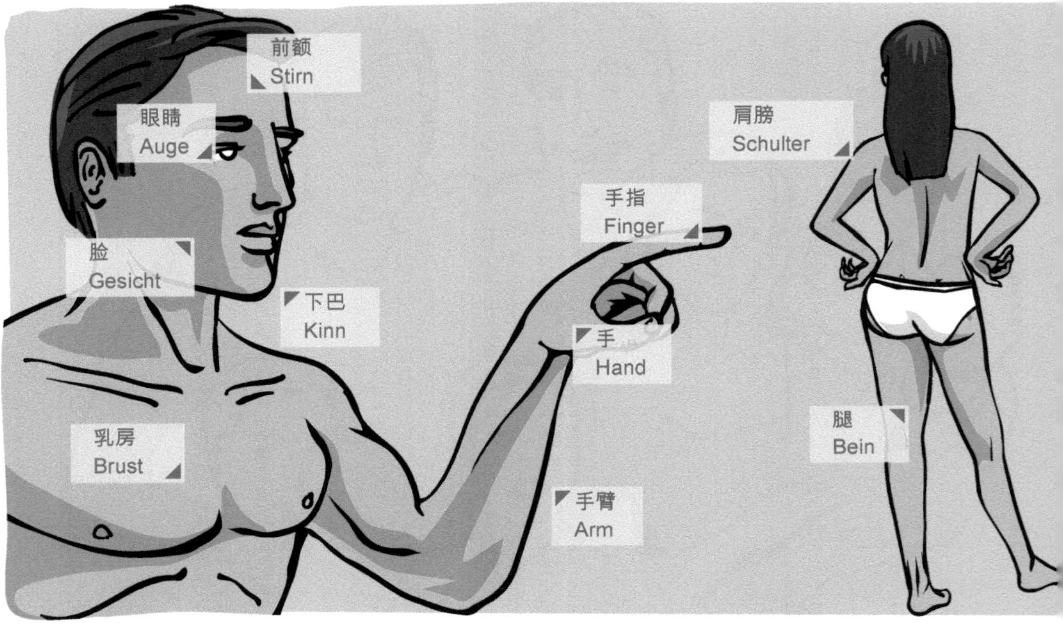

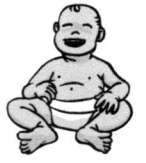

婴童

Baby

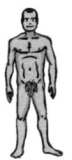

男人

Mann

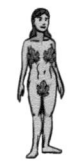

女人

Frau

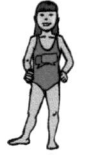

女孩

Mädchen

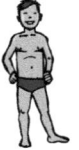

男孩

Junge

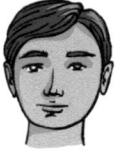

头

Kopf

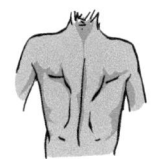

背部

Rücken

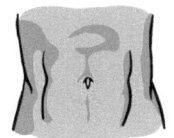

肚子

Bauch

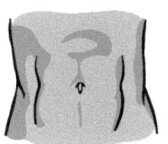

肚脐

Nabel

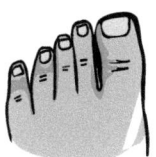

脚趾

Zeh

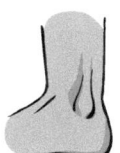

脚后跟

Ferse

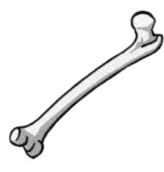

骨头

Knochen

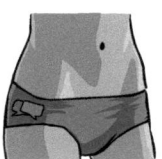

臀部

Hüfte

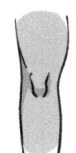

膝盖

Knie

手肘

Ellenbogen

鼻子

Nase

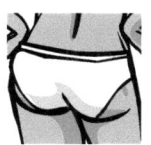

屁股

Gesäß

皮肤

Haut

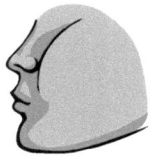

脸颊

Wange

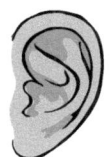

耳朵

Ohr

嘴唇

Lippe

嘴
Mund

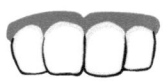

牙齿
Zahn

舌头
Zunge

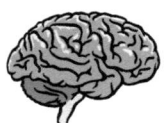

脑
Gehirn

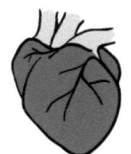

心脏
Herz

肌肉
Muskel

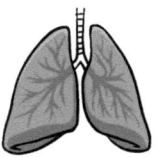

肺
Lunge

肝脏
Leber

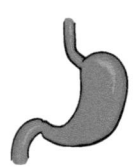

胃
Magen

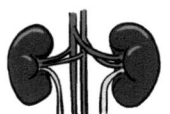

肾脏
Nieren

性交
Geschlechtsverkehr

避孕套
Kondom

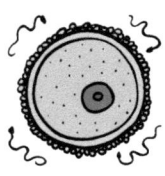

卵子
Eizelle

精子
Sperma

怀孕
Schwangerschaft

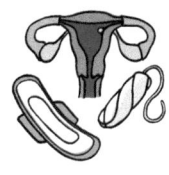

月经

Menstruation

阴道

Vagina

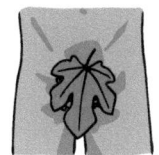

阴茎

Penis

眉毛

Augenbraue

头发

Haar

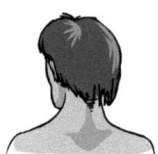

脖子

Hals

医院
Krankenhaus

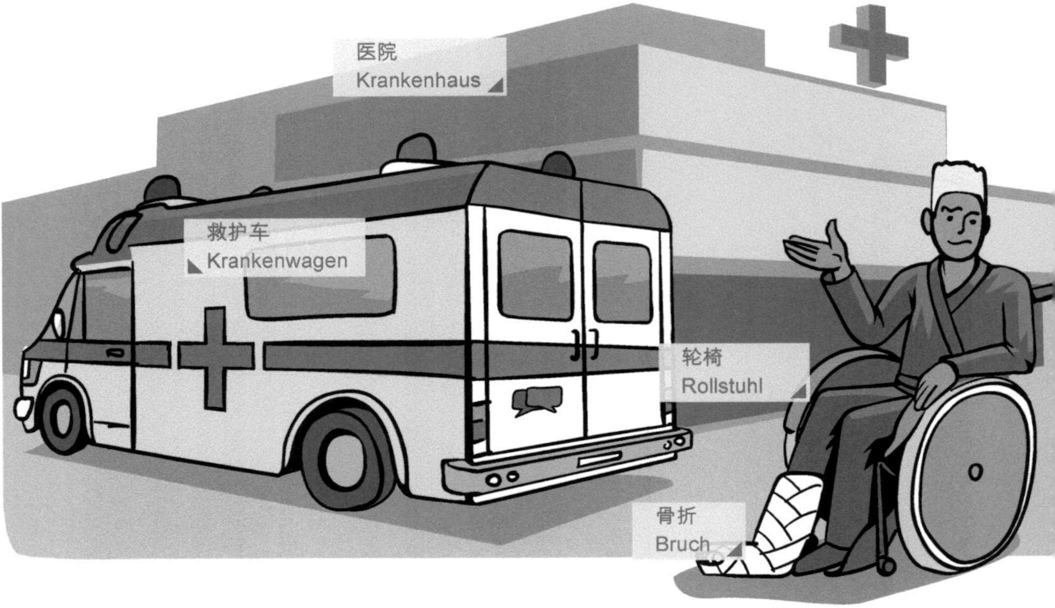

医院
Krankenhaus
救护车
Krankenwagen
轮椅
Rollstuhl
骨折
Bruch

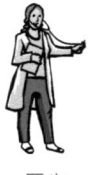

医生

Arzt

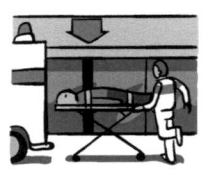

急诊室

Notaufnahme

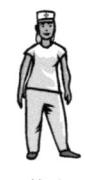

护士

Krankenschwester

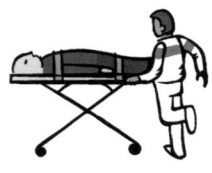

紧急情况

Notfall

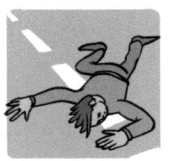

昏迷

ohnmächtig

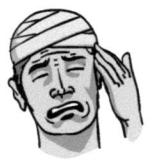

痛

Schmerz

受伤

Verletzung

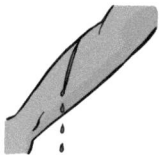

出血

Blutung

心脏病发作

Herzinfarkt

中风

Schlaganfall

过敏

Allergie

咳嗽

Husten

发烧

Fieber

流感

Grippe

腹泻

Durchfall

头痛

Kopfschmerzen

癌症

Krebs

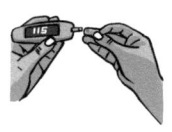

糖尿病

Diabetis

外科医生

Chirurg

手术刀

Skalpell

手术

Operation

CT
CT

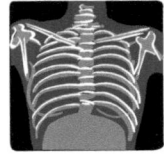

X光
Röntgen

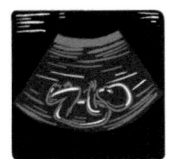

超声波
Ultraschall

口罩
Maske

疾病
Krankheit

候诊室
Wartezimmer

拐杖
Krücke

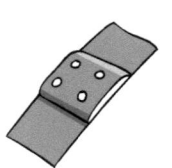

石膏
Pflaster

绷带
Verband

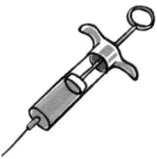

注射
Injektion

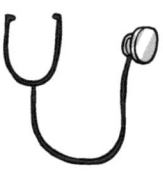

听诊器
Stethoskop

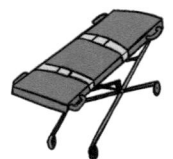

担架
Trage

体温计
Thermometer

出生
Geburt

超重
Übergewicht

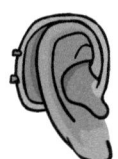

助听器

Hörgerät

消毒液

Desinfektionsmittel

感染

Infektion

病毒

Virus

艾滋病

HIV / AIDS

药物

Medizin

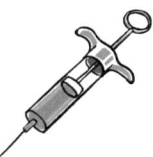

接种疫苗

Impfung

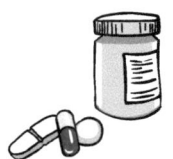

药片

Tabletten

药丸

Pille

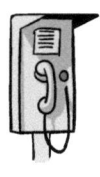

急救电话

Notruf

血压计

Blutdruck-Messgerät

生病/健康

krank / gesund

救命！
Hilfe!

警报
Alarm

突击
Überfall

攻击
Angriff

危险
Gefahr

紧急出口
Notausgang

着火啦！
Feuer!

灭火器
Feuerlöscher

意外
Unfall

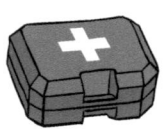

急救箱
Erste-Hilfe-Koffer

呼救信号
SOS

警察
Polizei

欧洲

Europa

北美洲

Nordamerika

南美洲

Südamerika

非洲

Afrika

亚洲

Asien

澳洲

Australien

大西洋

Atlantik

太平洋

Pazifik

印度洋

Indischer Ozean

南冰洋

Antarktischer Ozean

北冰洋

Arktischer Ozean

北极

Nordpol

南极

Südpol

南极洲

Antarktis

地球

Erde

陆地

Land

海

Meer

岛

Insel

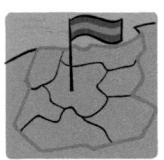

国家

Nation

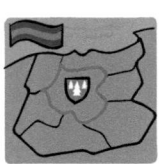

国家

Staat

钟面

Zifferblatt

时针

Stundenzeiger

分针

Minutenzeiger

秒针

Sekundenzeiger

现在几点？

Wie spät ist es?

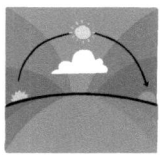

天

Tag

时间

Zeit

现在

jetzt

电子表

Digitaluhr

分

Minute

时

Stunde

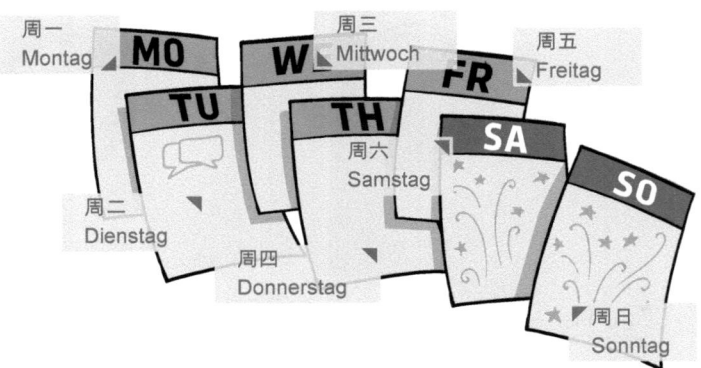

周一 Montag
周三 Mittwoch
周五 Freitag
周二 Dienstag
周四 Donnerstag
周六 Samstag
周日 Sonntag

昨天
gestern

今天
heute

明天
morgen

早晨
Morgen

中午
Mittag

晚上
Abend

MO	TU	WE	TH	FR	SA	SU
1	2	3	4	5	6	7
8	9	10	11	12	13	14
15	16	17	18	19	20	21
22	23	24	25	26	27	28
29	30	31	1	2	3	4

工作日
Arbeitstage

MO	TU	WE	TH	FR	SA	SU
1	2	3	4	5	6	7
8	9	10	11	12	13	14
15	16	17	18	19	20	21
22	23	24	25	26	27	28
29	30	31	1	2	3	4

周末
Wochenende

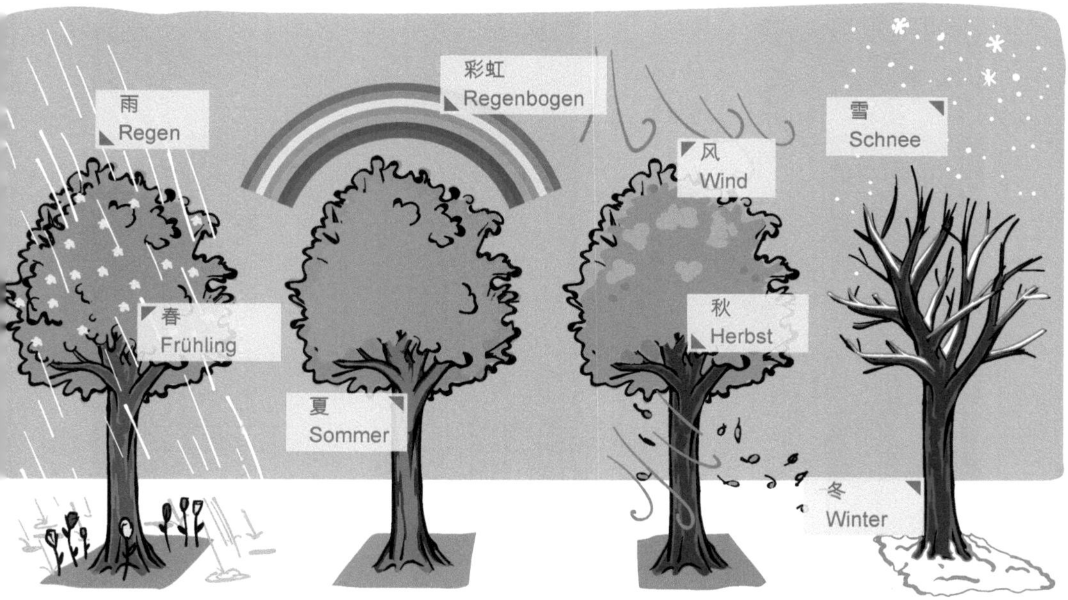

雨
Regen

彩虹
Regenbogen

风
Wind

雪
Schnee

春
Frühling

夏
Sommer

秋
Herbst

冬
Winter

天气预报

Wettervorhersage

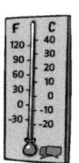

温度计

Thermometer

阳光

Sonnenschein

云

Wolke

雾

Nebel

潮湿

Luftfeuchtigkeit

闪电

Blitz

打雷

Donner

风暴

Sturm

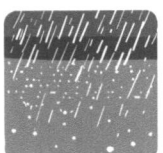

冰雹

Hagel

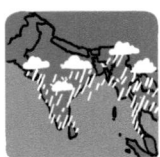

季风

Monsun

洪水

Flut

冰

Eis

一月

Januar

二月

Februar

三月

März

四月

April

五月

Mai

六月

Juni

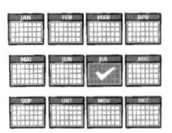

七月

Juli

八月

August

82

年 - Jahr

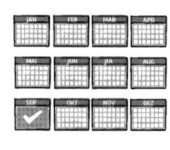

九月
September

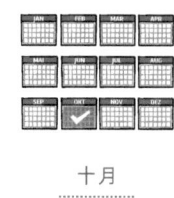

十月
Oktober

十一月
November

十二月
Dezember

形状
Formen

圆形
Kreis

正方形
Quadrat

长方形
Rechteck

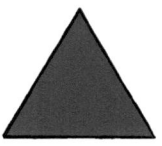

三角形
Dreieck

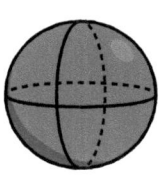

球体
Kugel

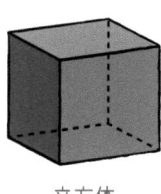

立方体
Würfel

颜色
Farben

白
weiß

黄
gelb

橙
orange

粉
pink

红
rot

紫
lila

蓝
blau

绿
grün

棕
braun

灰
grau

黑
schwarz

很多/少许

viel / wenig

生气/平静

wütend / friedlich

美/丑

hübsch / hässlich

首/尾

Anfang / Ende

大/小

groß / klein

明/暗

hell / dunkel

兄弟/姐妹

Bruder / Schwester

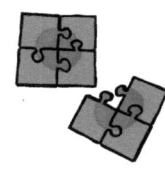

干净/肮脏

sauber / schmutzig

完整/缺失

vollständig / unvollständig

白天/晚上

Tag / Nacht

死/生

tot / lebendig

宽/窄

breit / schmal

可食用/非食用

genießbar / ungenießbar

邪恶/善良

böse / freundlich

兴奋/无聊

aufgeregt / gelangweilt

胖/瘦

dick / dünn

第一/最后

zuerst / zuletzt

朋友/敌人

Freund / Feind

满/空

voll / leer

硬/软

hart / weich

重/轻

schwer / leicht

饿/渴

Hunger / Durst

生病/健康

krank / gesund

非法/合法

illegal / legal

聪明/愚笨

intelligent / dumm

左/右

links / rechts

近/远

nah / fern

反义词 - Gegenteile

新/旧

neu / gebraucht

没有/有些

nichts / etwas

老/幼

alt / jung

开/关

an / aus

打开/合上

offen / geschlossen

安静/吵闹

leise / laut

富/穷

reich / arm

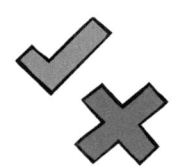

对/错

richtig / falsch

粗糙/光滑

rau / glatt

伤心/高兴

traurig / glücklich

短/长

kurz / lang

慢/快

langsam / schnell

湿/干

nass / trocken

温暖/凉爽

warm / kühl

战争/和平

Krieg / Frieden

0

零
null

1

一
eins

2

二
zwei

3

三
drei

4

四
vier

5

五
fünf

6

六
sechs

7

七
sieben

8

八
acht

9

九
neun

10

十
zehn

11

十一
elf

12
十二
zwölf

13
十三
dreizehn

14
十四
vierzehn

15
十五
fünfzehn

16
十六
sechzehn

17
十七
siebzehn

18
十八
achtzehn

19
十九
neunzehn

20
二十
zwanzig

100
百
hundert

1.000
千
tausend

1.000.000
百万
million

英语
....
Englisch

美式英语
....
Amerikanisches Englisch

普通话
....
Chinesisch Mandarin

印地语
....
Hindi

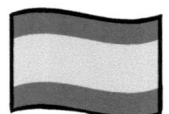

西班牙语
....
Spanisch

法语
....
Französisch

阿拉伯语
....
Arabisch

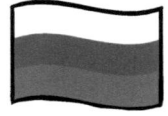

俄语
....
Russisch

葡萄牙语
....
Portugiesisch

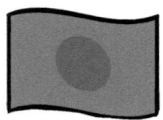

孟加拉语
....
Bengalisch

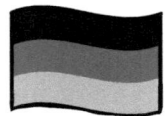

德语
....
Deutsch

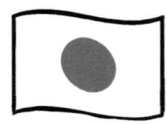

日语
....
Japanisch

我
ich

你
du

他/她/它
er / sie / es

我们
wir

你们
ihr

他们
sie

谁？
wer?

什么？
was?

怎样？
wie?

哪里？
wo?

什么时候？
wann?

名字
Name

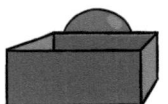

后面

hinter

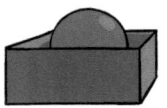

里面

in

前面

vor

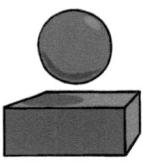

上方

über

上面

auf

下面

unter

旁边

neben

中间

zwischen

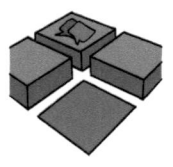

地点

Ort

·